108 Pensieri di Amma sulla Fede

Mata Amritanandamayi Center, San Ramon
California, Stati Uniti

108 Pensieri sulla Fede

Pubblicato da:
   Mata Amritanandamayi Center
   P.O. Box 613
   San Ramon, CA 94583
   Stati Uniti

----------- 108 Quotes on Faith (Italian) -----------

Copyright @ Mata Amritanandamayi Mission Trust, Amritapuri, Kerala 690546, India.

Tutti i diritti riservati. Ogni riproduzione, archiviazione, traduzione o diffusione, totale o parziale, della presente pubblicazione, con qualsiasi mezzo, con qualsiasi scopo e nei confronti di chiunque, è vietata senza il consenso scritto dell'editore.

Prima edizione a cura del MA Center: agosto 2016

In Italia: www.amma-italia.it

In India:
   inform@amritapuri.org
   www.amritapuri.org

1

Il Potere universale risiede dentro di voi, tuttavia questa conoscenza potrebbe non essersi ancora radicata. Solo attraverso la fede e la meditazione è possibile realizzare questa Verità suprema.

2

La spiritualità non ha nulla a che fare con la fede cieca; è il principio della consapevolezza che disperde l'oscurità. È stata oggetto di ricerca di molti Maestri spirituali che hanno profondamente indagato, più accuratamente di alcuni scienziati moderni. Mentre la scienza indaga il mondo esteriore, la spiritualità esplora quello interiore.

3

Molto spesso dimentichiamo che una fede solida e un amore innocente percorrono facilmente piani inaccessibili all'intelletto e alla logica. Possiamo vedere come il potere dell'innocenza sia stato la forza motrice delle scoperte innovative di molti scienziati famosi. Avete notato come un bambino guardi ogni cosa con occhi pieni di stupore? Allo stesso modo, quando un vero scienziato osserva questo universo, vediamo lo stesso sguardo di meraviglia che l'aiuta a sondare i più profondi misteri del cosmo.

4

La fede è il fondamento di ogni cosa. Non sono i rituali o le cerimonie a riempire i templi di energia spirituale, ma la fede e la devozione delle persone. Se possedete abbastanza fede, ogni acqua diverrà sacra come il Gange; senza fede, il Gange non sarà altro che un normalissimo fiume.

5

Spesso cerchiamo di misurare e valutare la vita solo con la ragione e la logica, ma questo atteggiamento non ci consentirà di raggiungere le profondità della conoscenza e dell'esperienza. Dovremmo imparare ad accostarci alle esperienze della vita con amore e fede; solo allora la vita ci rivelerà tutti i suoi misteri.

6

Abbiate fede nella teoria del karma (azione e reazione) e vedrete ovunque le mani invisibili di Dio, il cui potere nascosto è la causa di tutto ciò che è manifesto.

7

Quando sono presenti i fatti, la fede non è necessaria: non serve per sapere che esistono la Terra, le piante, gli alberi, i fiumi e le montagne. Essa occorre quando il pensiero razionale fallisce. Poiché Dio è invisibile, per credere nella Sua esistenza dovete affidarvi alla fede.

8

Così come credete alle affermazioni degli scienziati su eventi a voi sconosciuti, prestate fede alle parole dei grandi Maestri sulla Verità nella quale sono stabiliti.

9

Le Scritture e i grandi Maestri ci ricordano che il Sé, o Dio, è la nostra vera natura. Dio non è distante da noi, è Ciò che veramente siamo, ma per assimilare questa verità è necessaria la fede.

10

Dio non è confinato in un tempio o in un determinato luogo; il Divino è onnipresente, onnipotente e può assumere qualunque forma. Cercate di vedere la vostra Divinità amata in ogni cosa.

11

Dio non è un individuo limitato, assiso su un trono dorato tra le nuvole. Dio è la pura Coscienza che pervade ogni cosa. Comprendendo questa verità, imparate ad accettare e ad amare chiunque in modo equanime.

12

Il fondamento della spiritualità non è la fede cieca bensì la ricerca sincera e una rigorosa esplorazione del proprio Sé. La fede in un potere superiore ci aiuta a controllare la mente e i pensieri. Anche se il progresso potrebbe rivelarsi lento e graduale, dobbiamo continuare a impegnarci con pazienza, entusiasmo e fiducia.

13

Il dubbio viene appreso, mentre la fede è insita in noi. Il dubbio è il vostro peggiore nemico, la fede la vostra migliore amica. Attingete da lei, imparate a credere e ne scoprirete gli effetti benefici.

14

La bellezza è nella fede, e la fede dimora nel cuore. L'intelletto e la razionalità sono necessari, non permettiamo però che travolgano la nostra fede. Non dovremmo lasciare che l'intelletto divori il nostro cuore.

15

Quello di cui abbiamo bisogno è la *fede* nel Potere Supremo che controlla l'universo intero, trascende la mente e l'intelletto e permette persino all'intelletto di operare. Dovremmo indagare sull'origine di questo Potere che esiste in noi. La *fede* in un Potere Cosmico, unita alla meditazione per conoscere questo Potere Supremo, ci aiuterà a raggiungere la conoscenza del Sé, l'unità, la pace e la serenità.

16

Se volete porre fine alla vostra sofferenza, pregate affinché i vostri desideri cessino. Pregate anche perché la fede e l'amore per Dio crescano. Se riuscirete in questo, allora il Divino provvederà a ogni vostro bisogno.

17

Dio è sempre con voi e certamente si mostrerà a voi se Lo invocate ardentemente. Dio provvederà direttamente a tutte le necessità di chi ha questo atteggiamento sincero: "Tu sei il mio solo rifugio, nessun altro mi può salvare".

18

Alcuni affermano che Dio è soltanto una convinzione; in realtà il Divino è nel cuore di ciascuno di noi. Dio non ha un corpo, mani, gambe, occhi separati dai nostri. Il Potere Cosmico che dimora in ognuno di noi è Dio.

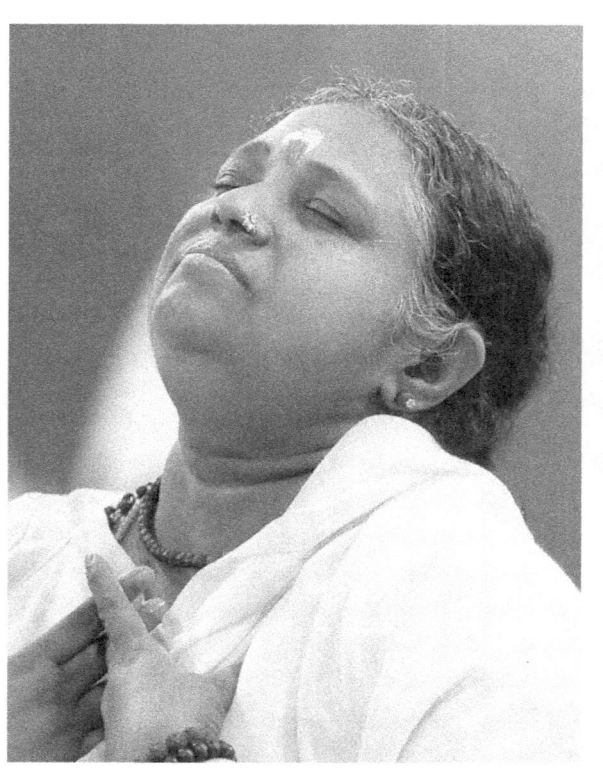

19

Che siate credenti, non credenti o scettici, poco importa. Potete non credere e condurre comunque una vita felice e appagata se avete fede in voi stessi e servite la società.

20

La vera fede è avere fede nel proprio Sé. Anche se crediamo in un Dio esterno, in realtà Egli risiede in noi. Dio è il nostro vero Sé.

21

Abbiate fiducia nel vostro Sé. Sforzatevi di comprendere chi siete: il vostro vero Sé. Non occorre fare altro. Se non avete fede nel vostro Sé difficilmente progredirete, anche se credete in Dio.

22

La fede e la fiducia nel proprio Sé sono interdipendenti. La fede in Dio deve rafforzare la fede e la fiducia nel vostro vero Sé: questa è la vera fiducia in se stessi. Se manca, non può esserci successo nella vita.

23

Ricordatevi sempre che il crepuscolo porta già l'alba nel suo grembo. L'oscurità non può durare a lungo e a tempo debito il sole dell'aurora sicuramente sorgerà nel suo splendore. L'ottimismo è la luce di Dio, è una forma di grazia che consente di guardare alla vita con maggiore chiarezza.

24

Così come il sole non ha bisogno della luce di una candela, Dio non ha bisogno di nulla da noi. Siamo stati creati per rimuovere l'oscurità nel mondo con la luce di Dio: questo è il principio Divino.

25

La fiducia nel proprio Sé dona equilibrio mentale, coraggio e controllo della mente e ci permette di affrontare con coraggio le avversità della vita. Alcuni problemi sono inevitabili e non si possono sfuggire. Avere fiducia in voi vi aiuterà a fronteggiarli e a superarli.

26

La donna non dovrebbe mai sentirsi inferiore all'uomo, è lei che ha dato alla luce a ogni singolo uomo di questo mondo. Siate orgogliose di questa benedizione unica e avanzate confidando nella vostra forza intrinseca.

27

Non siamo candele che devono essere accese da qualcuno, ma un sole che brilla di luce propria. Siamo la personificazione della Coscienza Suprema e dobbiamo risvegliarci a questa verità. Noi siamo Amore.

28

Quando le persone perdono la fede in Dio, nella società scompaiono l'armonia o la pace e ognuno agisce e si comporta come vuole. Senza la fede, la moralità e l'etica svaniscono dalla faccia della terra e le persone sono indotte a vivere come animali. Senza la fede, l'amore, la pazienza e il perdono, la vita sarebbe un inferno.

29

Abbiamo la capacità di diventare quello che scegliamo di essere. Possiamo scegliere di essere un'anima virtuosa che attraverso le parole e le azioni desidera solo il bene degli altri. Oppure scegliere di essere la quintessenza del male. La libertà di scelta è la più grande benedizione di questa nascita umana, ma per poter sperimentare il pieno potenziale di questa benedizione, sono necessarie l'innocenza e la fede di un bambino.

30

Qualunque sia la religione che pratichiamo, se comprendiamo i principi della spiritualità possiamo raggiungere lo scopo ultimo: realizzare la nostra vera natura.

31

È molto importante rispettare i sentimenti e il credo dei devoti di ogni religione. La fede nell'immenso potere del Sé interiore condurrà a una vera unità fra le persone e fra l'umanità e la natura.

32

Il vero significato della religione è avere fede nell'esistenza di un Potere supremo e vivere osservando i principi spirituali.

33

Non c'è alcuna differenza tra il Creatore e la creazione, così come non c'è differenza tra l'oceano e le onde: si tratta della medesima Coscienza che pervade ogni cosa. Dovremmo instillare nei nostri figli la fede e l'amore per tutto il creato; potremo riuscirci fornendo loro un'adeguata educazione spirituale.

34

Non c'è nulla di male nel fatto che esistano molte religioni e credi, ciò che è dannoso è ritenere che siano diverse tra loro e che una fede sia superiore all'altra. Figli, non guardate le differenze, guardate la loro unità di fondo e gli alti ideali che ciascuna di esse insegna.

35

L'amore e la compassione sono i principi basilari di ogni autentica religione. Queste qualità divine sono l'essenza di tutte le fedi.

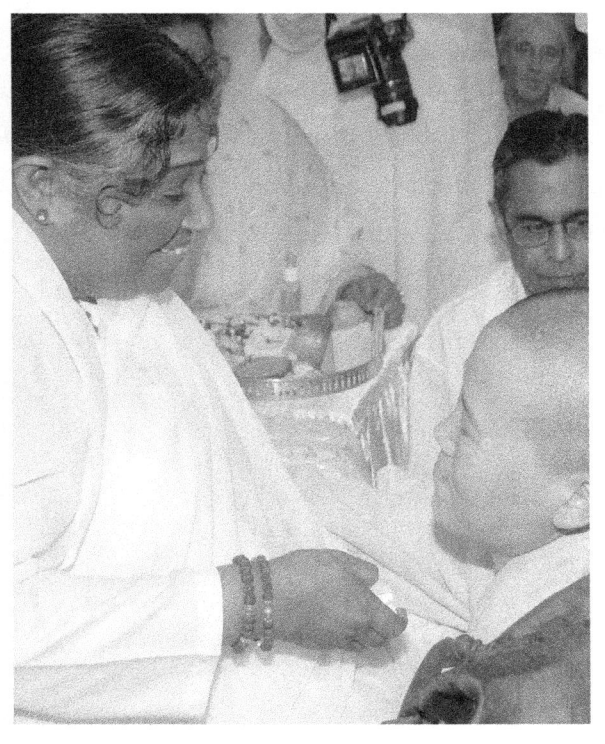

36

L'amore e la fede sono le pietre angolari della vita. Solo servendo gli altri con la giusta comprensione di ciò che sono l'amore e la fede saremo felici e in pace.

37

Nell'edilizia si utilizzano travi d'acciaio per rinforzare il calcestruzzo; senza di esse gli edifici crollerebbero. La fede in Dio può essere paragonata a queste travi: la fede sostiene le nostre menti deboli. Se abbiamo fede, non ci struggeremo né impazziremo per cose illusorie.

38

L'intelletto è come un paio di forbici: taglia e separa tutto, non accetta nulla. Per contro, il cuore è simile a un ago che cuce e unisce cose apparentemente diverse. Se penetriamo abbastanza profondamente in noi stessi, troveremo un filo, il filo dell'amore universale che lega assieme tutte le creature. In questo mondo, l'amore è il collante che unisce ogni cosa.

39

Se la vostra fede è sincera, automaticamente vi calerete nel cuore: questa discesa è in realtà un elevarsi e prendere il volo.

40

La fede e l'amore non sono due cose separate, sono interdipendenti. Senza la fede non possiamo amare nessuno e viceversa. Se abbiamo completa fiducia in qualcuno e l'amiamo, il semplice fatto di pensare a lui ci darà una gioia speciale. Saremmo forse felici se al contrario non gli credessimo e pensassimo che sia un ladro? L'innamorato apre il proprio cuore all'amata perché ha fede in lei. Questa fede è la base dell'amore. L'amore scaturisce dalla fede.

41

La vita poggia sulla fede. Anche per compiere un passo abbiamo bisogno della fede. La fede crea un flusso che inonda l'intero universo.

42

L'amore è il rimedio universale. Quando nella vita c'è amore, attenzione e comprensione e fiducia reciproca, i problemi e le preoccupazioni diminuiscono.

43

Concentratevi sull'amore, sulla fiducia reciproca e sulla fede. Quando avete amore e fede, svolgerete naturalmente ogni azione con grande cura.

44

Il vero ascolto è possibile soltanto quando si è vuoti interiormente. Se il vostro atteggiamento è "Sono un principiante, un ignorante", allora potrete ascoltare con *fede* e *amore*.

45

Dobbiamo avere la fede che Dio è sempre con noi. Questa consapevolezza ci darà l'energia e l'entusiasmo per superare ogni ostacolo nella vita. Dovremmo sempre mantenere questo atteggiamento ottimistico.

46

Figli, alcuni dicono che vi sono dei credenti che vivono nella tristezza. Ma i veri credenti, coloro che hanno una fede autentica, sono contenti e appagati in ogni circostanza. Ciò che contraddistingue un vero devoto è il sorriso di accettazione sempre presente sul suo volto.

47

Senza la fede siamo pieni di paure. Mentre la paura paralizza il corpo e la mente, pietrificandoci, la fede apre il nostro cuore e ci porta all'amore.

48

Quando capite la natura transitoria del mondo e prendete coscienza dell'impotenza dell'ego, allora inizierà a sorgere la fede nella spiritualità. La luce della grazia del Guru ci aiuta a vedere e a rimuovere gli ostacoli sul cammino.

49

Figli, ricordare che possiamo morire in ogni istante ci aiuterà ad avere una *fede* autentica e a volgerci a Dio. Non è forse per via dell'oscurità che conosciamo lo splendore della luce?

50

Perché riporre la vostra fede nella mente? La mente balza da un pensiero all'altro, proprio come la scimmia che salta di ramo in ramo, e continuerà sempre in questo modo. Riponete invece la fede in un Maestro e certamente troverete la pace.

51

Non fa alcuna differenza per Dio o per un grande santo se le persone credono in loro o meno, perché essi non hanno bisogno della nostra fede o del nostro servizio. Siamo noi ad avere bisogno della loro grazia. La grazia può giungere a noi solo attraverso la fede.

52

L'unico scopo del Maestro è quello di ispirare i discepoli, instillando in loro la fede e l'amore necessari per raggiungere la meta. Creare il fuoco dell'amore per Dio è il primo e più importante compito del Maestro.

53

La Madre non dice che dovete credere in Lei o in Dio, è sufficiente che crediate in voi stessi. Ogni cosa è in voi.

54

Una volta che avete accettato un Mahatma (una persona santa) come vostro Guru, sforzatevi di avere una fede innocente e l'abbandono di un bambino. Un Satguru (un vero maestro) può darvi tutto ciò che vi occorre, non è necessario continuare a cercare.

55

La fede non è percorso intellettuale. Il Maestro non può essere compreso attraverso la mente o la ragione. La fede è l'unico modo.

56

È molto importante ubbidire al Guru. Il Guru è il Parabrahman (il Sé assoluto) onnipervadente in forma umana, è il vostro vero Sé e l'essenza di tutta la creazione. Avere fede nel Guru significa avere fede nel proprio Sé.

57

Figli, possiamo racchiudere tutta la spiritualità in una parola: shraddha. Shraddha è la *fede incondizionata* che un discepolo ha nelle parole del Maestro e nelle Scritture.

58

Le vasana (tendenze abituali) di chi ha fede, ubbidisce al proprio Guru e conosce i principi della spiritualità saranno rapidamente distrutte.

59

Esistono innumerevoli esempi di persone che hanno recitato con fede il mantra e intrapreso austerità, proprio come insegna Amma. Così facendo, hanno sperimentato nella loro vita sollievo dalle sofferenze e sono sfuggite a sventure previste nel loro oroscopo.

60

Anche rivolgendosi al medico migliore, se il paziente non ha fede in lui, la terapia prescritta potrebbe non essere efficace. Allo stesso modo, è importante la fede nel proprio Maestro spirituale, sarà proprio questa fede a guarirci.

61

Non è sufficiente avere fede nel medico, per guarire dobbiamo anche assumere i farmaci che ci prescrive. Pertanto, non progrediremo sul cammino spirituale se ci sediamo oziosi pensando: "La fede mi salverà". Per progredire, sono necessari sia la fede che lo sforzo.

62

Il Guru sarà con voi per mostrarvi la via attraverso ogni difficoltà o crisi. Ma il fatto che il Maestro vi guidi, non significa che possiate rimanere pigramente seduti: occorrono sforzo e perseveranza da parte vostra.

63

La fede e lo sforzo sono entrambi necessari. Quando piantate un seme, esso potrà germogliare; perché cresca bene, però, occorre annaffiarlo e concimarlo. La fede ci renderà consapevoli della nostra vera natura, ma per poterne avere un'esperienza diretta dobbiamo mettere l'impegno necessario.

64

Dobbiamo comprendere i limiti delle nostre azioni e il ruolo della Grazia divina nella nostra vita. Figli miei, confidate in questo Potere e pregate per la Grazia.

65

Quando la vostra fede sarà completa, avvertirete la presenza della Coscienza Suprema in ogni singolo oggetto. Una fede completa significa liberazione: in tale stato, tutti i vostri dubbi scompariranno. Il Guru vi condurrà a questo stato finale.

66

Nulla può nuocere a un vero credente, la fede infonde una forza immensa. Tutti gli ostacoli della vita, siano essi creati dagli uomini o da Madre Natura, si infrangeranno contro una fede salda e stabile.

67

Per un aspirante sincero la spiritualità non rappresenta un aspetto secondario della vita, ma ne è parte integrante come il suo respiro. La fede diviene incrollabile.

68

La fede permette al flusso costante della grazia del Satguru di raggiungervi. La Madre è molto più di questo corpo, è onnipervadente e onnipresente. Il Sé della Madre e il vostro Sé sono un tutt'uno, siatene certi.

69

Quando avete sviluppato la fede in un Maestro spirituale, non permettete che venga turbata. La vostra fede dovrebbe essere irremovibile e costante. Solo se avrete piena fiducia nel Maestro sarà possibile eliminare le impurità della vostra mente.

70

Nulla può distruggere la fede degli aspiranti sinceri: essi possiedono una fede incrollabile nel loro Maestro e nella possibilità di realizzare Dio e raggiungere lo stato supremo.

71

Se possedete una fede incrollabile che vi permette di vedere ogni situazione, negativa e positiva, come un messaggio del Divino, allora non avrete bisogno di un Guru esterno. La maggior parte delle persone, però, è priva di una tale forza o determinazione.

72

Abbiate la profonda convinzione che nessuno può minare la vostra fede. Se qualcuno cerca di scuoterla, pensate che si tratta di una prova che proviene da Dio e continuate il vostro cammino con questa certezza.

73

Cercare di ravvivare una fede perduta è come cercare di far crescere i capelli a un calvo. Una volta persa, è estremamente difficile riacquistare la fede. Prima di accettare un Guru, esaminatelo attentamente.

74

Se pregate la Madre con fede e innocenza, accorrerà senz'altro in vostro soccorso. Lei è sempre lì per voi: se cadrete, vi aiuterà a rialzarvi.

75

Sforzatevi di essere come un bambino dotato di enorme fede e pazienza. Per raggiungere lo scopo, la vostra fede deve trarre ispirazione dall'innocenza del bambino.

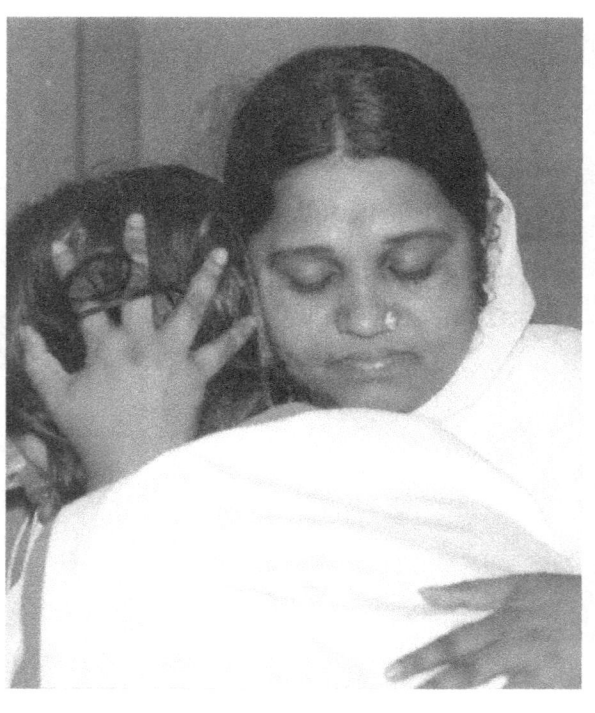

76

Con l'avanzare degli anni perdiamo il nostro entusiasmo e la nostra gioia, diventiamo aridi e scontenti. Perché? Perché perdiamo la fede e l'innocenza. In ognuno di noi, da qualche parte, giacciono assopite la gioia, l'innocenza e la fede del bambino. Riscopriamole.

77

Giocate come un bambino, risvegliate in voi quell'innocenza. Trascorrete del tempo con i bambini: vi insegneranno a credere, a ridere e a giocare. Vi aiuteranno a sorridere con il cuore e ad avere uno sguardo di meraviglia negli occhi. L'amore divino vi rende innocenti come bambini.

78

Con la fede e la fiducia di un bambino, tutto è possibile. La vostra innocenza e purezza di cuore vi salveranno.

Forse dovrete procedere a piccoli passi nella crescita spirituale a causa dei vostri samskara (tendenze acquisite nelle vite passate). È un processo lento che richiede fede e fiducia.

80

L'energia spirituale acquisita con la vostra sadhana (pratiche spirituali) rimane in voi. Mantenete la fede e l'entusiasmo; non si possono cancellare né gli sforzi né i frutti delle vostre azioni. Non perdete mai la speranza.

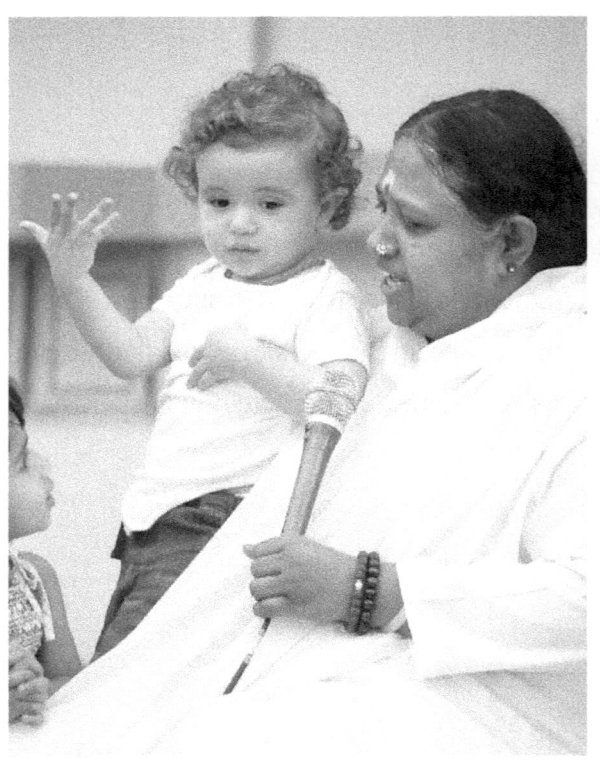

81

Pazienza, entusiasmo e ottimismo: queste tre qualità dovrebbero essere i mantra della nostra vita. Possiamo notare come, in qualunque ambito, coloro che hanno fede riescano nelle loro imprese mentre coloro che ne sono privi sono svuotati della loro forza.

82

Nei momenti di crisi chi ha fede nel Signore si tiene stretto a questo principio. È questa fede che gli dà una mente forte ed equilibrata con cui affrontare qualsiasi traversia.

83

Quando la vostra fede in Dio è sincera e praticate la meditazione, recitate il vostro mantra e pregate, acquisirete la forza necessaria per far fronte a ogni situazione in modo risoluto. Anche nelle circostanze difficili, saprete agire con consapevolezza.

84

La fede in Dio vi darà la forza mentale necessaria per affrontare i problemi della vita. La fede nell'esistenza di Dio vi proteggerà, facendovi sentire protetti e al sicuro dalle influenze negative del mondo.

85

Se cercate di sfuggire alla vostra ombra, finirete per crollare a terra esausti. Affrontate invece le difficoltà della vita con amore e fede. Ricordate che in questo viaggio non siete mai soli: il Divino è sempre con voi. Lasciate che vi tenga per mano.

86

Un vero sadhak (aspirante spirituale) crede più nel presente che nel futuro. Quando poniamo la nostra fede nel momento presente, tutta la nostra energia si manifesta qui e ora. Abbandonatevi al momento presente.

87

Il passato è una ferita: se la sfregate scavando nei ricordi, si infetterà. Non lasciate che questo accada, altrimenti la ferita si ingrandirà, permettetele invece di guarire. La guarigione è possibile solo attraverso la fede e l'amore del Divino.

88

Dovremmo coltivare la fede in noi stessi invece di rivolgerci ad altri per ricevere conforto. Solo così troveremo il vero sollievo e l'appagamento.

89

Le persone e gli oggetti a cui siete attaccati, un giorno vi lasceranno. Ogni volta che qualcosa o qualcuno scompare dalla vostra vita potreste essere travolti dall'angoscia e dalla paura. Questo continuerà finché non vi arrenderete a Dio e coltiverete la fede nella natura eterna del vostro vero Sé.

90

Sono la grazia e la forza dell'Onnipotente che vi consentono di muovervi e di compiere azioni. Dio è l'unico vostro sincero amico e parente, non dubitatene. Se vi affiderete a Lui, il Divino vi guiderà sempre. Accompagnati dalla fede in Dio, non vacillerete mai.

91

Ogni difficoltà nasce dal non essere fermamente stabiliti nel proprio Sé. La Coscienza è la fonte eterna di forza. Questo nostro piccolo mondo dovrebbe ampliarsi sino a diventare l'intero universo. A mano a mano che si espande, vedremo i nostri piccoli problemi dissolversi lentamente.

92

Il vostro rapporto più profondo dovrebbe essere con il Divino: raccontategli i vostri affanni e vi avvicinerete a Lui. Dio non può rimanere in silenzio e immobile quando qualcuno Lo chiama con un cuore innocente. La fede e l'abbandono rimuovono ogni dolore.

93

Ognuno di noi porta con sé un fardello di dolore e sofferenza nati da esperienze passate. La cura che risana ogni ferita consiste nel coltivare l'amore, la compassione e un sentimento di riverenza.

94

La compassione è un'estensione della fede e della consapevolezza che il Divino pervade ogni cosa. Chi manca di compassione e non si cura del benessere degli altri è anche privo di fede.

95

La ricettività è la capacità di credere, di avere fiducia e di accettare l'amore; è la forza che impedisce al dubbio di entrare nella mente.

96

Come ogni altra decisione, anche essere felici è una decisione. Fate questo fermo proposito: "Qualunque cosa accada, sarò felice. Sarò coraggioso, sapendo che Dio è con me". Procedete senza perdere la fiducia in voi stessi.

97

Figlio mio, non perdere mai il coraggio e la fiducia in Dio o nella vita. In qualunque circostanza, sii sempre ottimista. Con la fede e il coraggio puoi compiere ogni cosa.

98

Come nettare nei fiori del primo mattino, lasciate che la bontà vi riempia. Aprendovi, scoprirete che il sole brilla da sempre e così pure soffia il vento, portando con sé la dolce fragranza del Divino. E tutto questo accade in piena libertà e spontaneamente. Lasciate semplicemente che la porta del vostro cuore si apra: non era mai stata sbarrata.

99

L'educazione e la disciplina impartite in tenera età producono una forte impressione nella mente e rivestono un ruolo molto importante nella formazione del carattere. I genitori non dovrebbero solo prendersi cura di nutrire i propri figli e soddisfare i loro desideri, dovrebbero anche disciplinarli, instillando in loro la fede e una buona cultura.

100

Se la vostra fede in Dio è sincera, allora non potrete arrecare danno alla Natura: la vera fede ci mostra, infatti, che la Natura è divina e non separata dal nostro stesso Sé.

101

Procedete con fede. Chi ha una fede incondizionata non devierà mai dal sentiero.

102

Chi possiede una fede autentica, avanzerà deciso. Una persona che ha un vero spirito religioso può trovare la pace. La sorgente di questa pace non è nella testa ma nel cuore. Se il nostro credere si basa su ciò che ci è stato detto, ascoltato o letto, non durerà a lungo; la fede che deriva dall'esperienza invece durerà per sempre.

103

Dove c'è amore non c'è sforzo. Lasciate cadere ogni rimpianto del passato e rilassatevi, questo vi aiuterà ad acquisire forza e vitalità. Il rilassamento è una tecnica che vi consente di aprire uno spiraglio sulla vostra vera natura, sulla sorgente infinita della vostra vita. È l'arte di acquietare la mente. Una volta appresa tale arte, ogni cosa accade spontaneamente e senza sforzo.

104

Tutte le azioni producono frutto. Il futuro è il frutto, ma non preoccupatevi del futuro. Attendete pazientemente, rimanete nel presente e agite con concentrazione e amore. Quando vivete ogni istante dell'azione, i buoni risultati non tarderanno ad arrivare. Le azioni compiute con sincerità e dedizione porteranno sicuramente buoni frutti. Se invece vi preoccupate del frutto, non solo non riuscirete a compiere lo sforzo necessario ma non otterrete neppure il risultato sperato.

105

Quando guarderete la vita e tutto ciò che essa offre come un dono prezioso, allora potrete dire "sì" a tutto, un "sì" di accettazione. Accettando, il fiume della vita vi trasporterà con sé. L'amore semplicemente scorre. Chiunque desideri tuffarsi e immergersi in esso, sarà accettato così com'è.

106

Abbiate fede, figli miei. Non abbiate paura. Sappiate che la Madre è sempre con voi.

107

Una forte determinazione e una fede incrollabile sono i due fattori necessari per la riuscita di ogni impresa. Abbiate completa fede nell'Onnipotente. La fede compie miracoli.

108

Accendete in voi la lampada dell'amore e della fede e procedete. Compiendo ogni passo con nobili pensieri e un sorriso sulle labbra, tutto il bene giungerà a voi e vi riempirà. Allora Dio non potrà rimanere lontano da voi e vi abbraccerà.

www.ingramcontent.com/pod-product-compliance
Lightning Source LLC
Chambersburg PA
CBHW060159050426
42446CB00013B/2898